新经典文化股份有限公司
www.readinglife.com
出 品

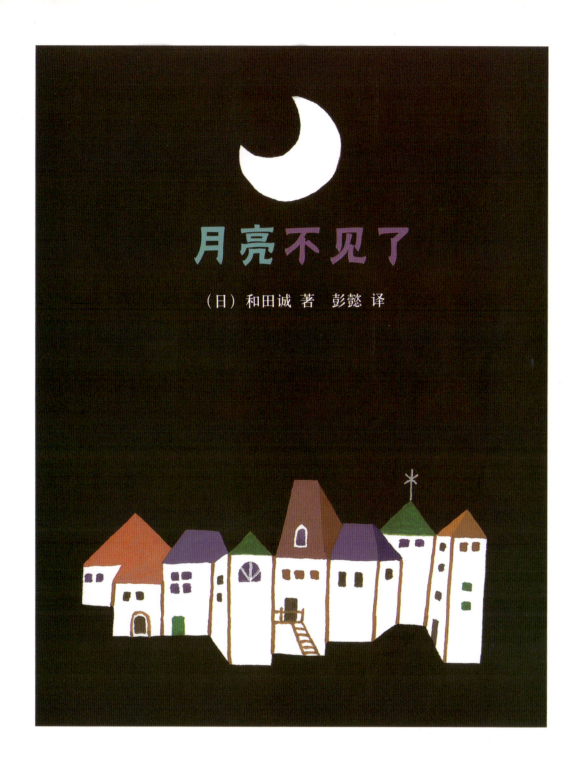

月亮不见了

（日）和田诚 著　彭懿 译

新星出版社 NEW STAR PRESS

抬头看看天空。

瞧,月亮出来了。

因为月亮表面有图案，
所以很久以前，全世界的人都认为月亮上面有什么东西。

全世界的人都爱赏月。

不论在哪一个国家，"月亮"都是一个美丽的词。

日语

俄语

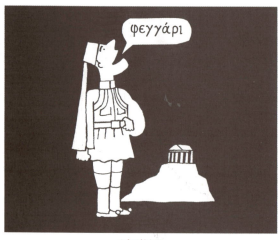

希腊语

德语

韩语

意大利语

关于月亮，有无数的传说、无数的故事、无数的诗篇和歌曲。

泰语

法语

荷兰语

阿拉伯语

英语

汉语

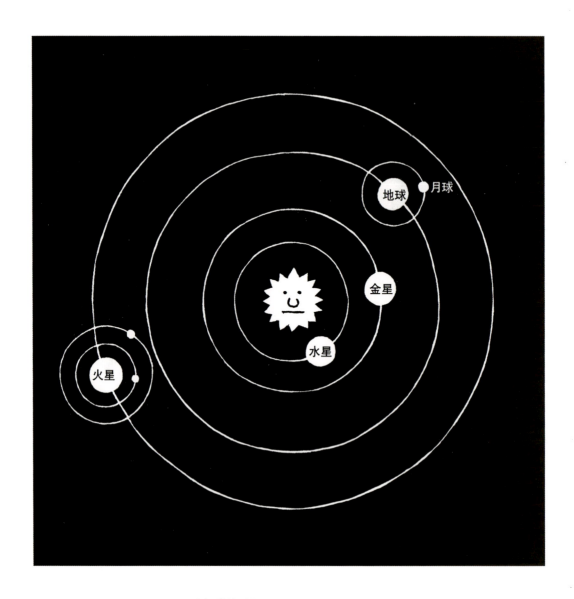

地球绕着太阳转。

月亮绕着地球转。

月亮被称为地球的卫星。

火星有两颗卫星。

太阳系里有许多颗卫星。

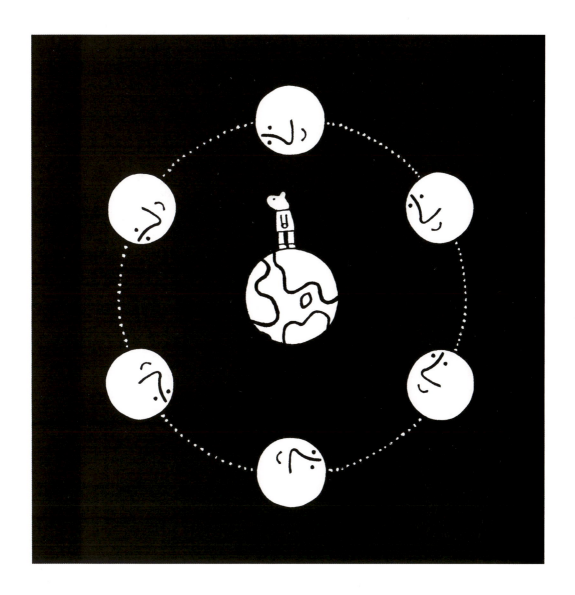

月亮绕地球转一圈的同时,
自己也转了一圈,
它总是把同一面朝向地球,
所以从地球上
只能看见月亮表面59%的地方。

这里住着一个非常喜欢月亮的男人。

有一天,他终于下定决心,要去摘月亮。

男人开始造梯子。

长长的、长长的梯子。

梯子终于架到了月亮上,男人摘下月亮,带回了家。

男人把月亮藏进箱子里，
时不时地拿出来欣赏一下。

每天,月亮的形状都在改变。

每次,男人都看得很开心。

一天晚上，一个小偷悄悄地朝房间里看，一眼就看见了宝箱。里面一定有宝贝！

趁着男人睡觉的时候，小偷悄悄地摸了进来。就是这个吧？

小偷夹起箱子就跑。

到了没人的地方,小偷打开箱子一看,里头什么都没有。

小偷扔下箱子,走了。

这一天,是新月。

月亮反射太阳光，发出光辉。
从地球上看，当月亮朝向地球的一面正对着太阳时，
就会变得又圆又亮，这就是满月。
当月亮朝向地球的一面背对着太阳时，
这一面就变成了阴影，看不见了。这就是新月。
月亮圆缺的平均周期是29天12小时44分。

新月时，如果地球、月亮和太阳正好排成一条直线，
月亮挡住了太阳，就会发生日食。

满月时，如果地球、月亮和太阳排成一条直线，
月亮就会被地球挡住，变暗，发生月食。
因为地球的运行轨道和月亮的运行轨道不在同一个平面上，
所以日食和月食很少发生。

是一个女人发现了那个细细的月牙。

女人用月亮做了一把竖琴。

竖琴的声音很美。

女人的歌声也很美。

从来没有人听到过这么美妙的音乐。

竖琴、女人,还有音乐,立即获得了一片赞扬。

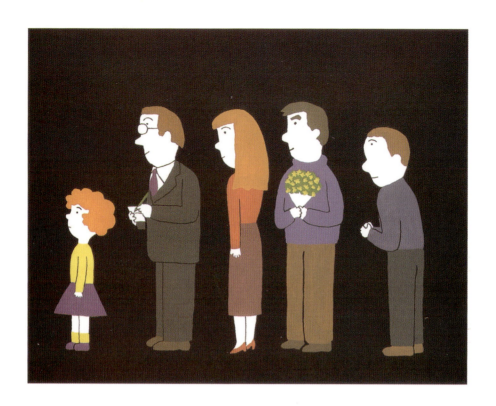

许多人从很远的地方赶来。

她还接到了外国的邀请。

乘游轮巡回演出。

让游轮上的人也听听我的音乐吧!

可是，当竖琴被拿出来时，却完全不成样子了。

女人气疯了。

把竖琴扔进了大海。

海水的涨潮和落潮，主要是由月亮的引力引起的。

面向月亮那一侧的海水，受月亮的吸引，会涨上来；

而背对月亮那一侧的海水，受月亮的引力较小，加上离心力的作用，

会朝远离月亮的方向运动，因此也会涨上来。

这样，两头的海水变多了，形成涨潮；中间的海水变少了，形成落潮。

地球每天自转一圈，一天之中，大部分的海水都有一次面向月亮、一次背对月亮的时候，所以，在大多数的海岸，每天都会有两次涨潮和两次落潮。

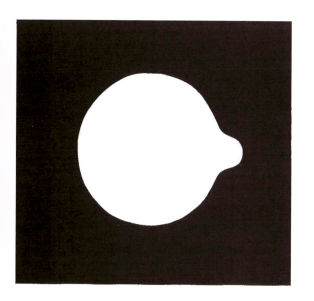

几十亿年以前,
当地球表面还是黏稠的岩浆时,
在太阳引力的作用下,
一部分岩浆像水滴一样
飞到了外边。

变成了月亮。
这是天文学家乔治·达尔文的观点。
有人认为,月亮飞走后留下的大坑,
就是太平洋。

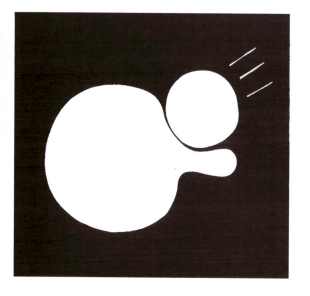

还有的学者认为,
一颗和火星一样大的星星撞上了地球,
把地球的一部分撞飞了,
形成了月亮。

到底是怎么一回事,
还没有人知道。

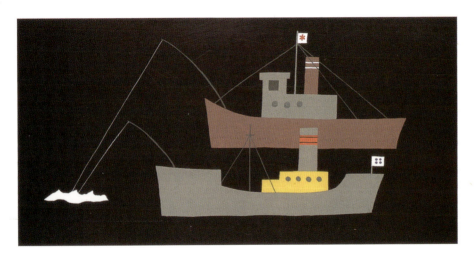

有一天，两个国家的两艘船，

钓到了同一条鱼。

是我们钓到的!

是先咬了我们的钩!

只有公平分配,才能避免争执。

于是,鱼被切成了两半。

从鱼肚子里掉出来一个奇妙的东西。

学者们研究后发现,这是月亮。

两个国家的大人物都来了。
这是我们国家的东西!
不,要由我们来保管。就是拼命,也要归我们国家所有!

两个国家中间

架起了铁丝网。

两个国家的士兵互相监视着对方。

两个国家之间不知什么时候

就会爆发战争。

最难受的是孩子们。

本来在一起玩得好好的。

孩子们商量开了。 在商量什么呢?

原来,是这样一个计划……

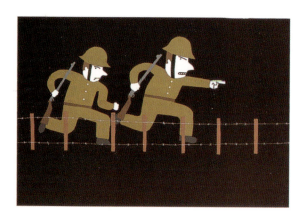

计划进行得十分顺利。

小鸟们

把月亮送回了天上。

抬头看看天空。

瞧,今天晚上,月亮又出来了。

这本绘本，是我于1963年在岩崎书店出版的一本旧作的修订版。当时，它是"小马丛书"系列绘本中的一本，出版方要求故事也要由画家自己来创作。现在回想起来，那时我还是一个初出茅庐的插画师，第一次又写故事又画画，根本没有自信，再加上别的画家都是我的前辈，还都是赫赫有名的大家，我更觉得忐忑不安。

当年的那本绘本早已绝版，但到了1998年，天文馆正好在策划要放映的节目，于是这个以天体为主题的故事又被采用了。为了天文馆的这次放映，我又重新绘制了图画，然后配上大竹忍的朗读，在全国多家天文馆上映。

这本新绘本，是在为天文馆绘制的图画的基础上创作的。为了追求放映效果，图画的背景都画成了黑色，然而现在作为一本绘本，似乎又别有味道。

我创作这个故事时，美国和苏联还在进行冷战，宇宙开发是他们互相竞赛的重要领域，故事反映了当时的状况。虽然冷战已经过去了，但在今天的世界，战争和危险仍然无处不在。这本书重获新生，固然是一件让人开心的事情，但书中的故事仍在上演，却实在令人感到无奈。（和田诚）

著作权合同登记图字：01-2015-6129

NUSUMARETA TSUKI
Copyright © 2006 by Makoto WADA
First published in Japan in 2006 by IWASAKI Publishing Co., Ltd.
Simplified Chinese translation rights arranged with IWASAKI Publishing Co., Ltd.
through Japan Foreign-Rights Centre/ Bardon-Chinese Media Agency
All Rights Reserved.

图书在版编目(CIP)数据

月亮不见了／(日)和田诚著；彭懿译.—北京：新星出版社，2015.11
ISBN 978-7-5133-1887-7

Ⅰ.①月… Ⅱ.①和…②彭… Ⅲ.①儿童文学－图画故事－日本－现代 Ⅳ.①I313.85

中国版本图书馆 CIP 数据核字(2015)第 203736 号

月亮不见了

(日)和田诚 著
彭懿 译

责任编辑	汪 欣
特邀编辑	喻之晓 黄 锐
内文制作	杨兴艳
责任印制	廖 龙

出　　版　新星出版社　www.newstarpress.com
出 版 人　谢 刚
社　　址　北京市西城区车公庄大街丙3号楼　邮编 100044
　　　　　电话 (010)88310888　传真 (010)65270449
发　　行　新经典发行有限公司
　　　　　电话 (010)68423599　邮箱 editor@readinglife.com

印　　刷　北京中科印刷有限公司
开　　本　787毫米×1092毫米　1/16
印　　张　2.5
字　　数　3千字
版　　次　2015年11月第1版
印　　次　2016年11月第4次印刷
书　　号　ISBN 978-7-5133-1887-7
定　　价　35.00元

版权所有，侵权必究
如有印装质量问题，请发邮件至 zhiliang@readinglife.com